Harry Potter™

WWW.DANILO.COM

Published by Danilo Promotions Ltd. Unit 3, The io Centre, Lea Road, Waltham Abbey, EN9 1AS, England.
Enquiries: **info@danilo.com** For all other information: **www.danilo.com**

Manufactured in China.

PERSONAL INFORMATION

Name:

Address:

Mobile:

Email:

IN CASE OF EMERGENCY PLEASE CONTACT

Name:

Address:

Mobile:

Doctor:

Doctor Telephone:

Known Allergies:

NOTES

JANUARY

WK	M	T	W	T	F	S	S
52						1	2
1	3	4	5	6	7	8	9
2	10	11	12	13	14	15	16
3	17	18	19	20	21	22	23
4	24	25	26	27	28	29	30
5	31						

FEBRUARY

WK	M	T	W	T	F	S	S
5		1	2	3	4	5	6
6	7	8	9	10	11	12	13
7	14	15	16	17	18	19	20
8	21	22	23	24	25	26	27
9	28						

MARCH

WK	M	T	W	T	F	S	S
9		1	2	3	4	5	6
10	7	8	9	10	11	12	13
11	14	15	16	17	18	19	20
12	21	22	23	24	25	26	27
13	28	29	30	31			

APRIL

WK	M	T	W	T	F	S	S
13					1	2	3
14	4	5	6	7	8	9	10
15	11	12	13	14	15	16	17
16	18	19	20	21	22	23	24
17	25	26	27	28	29	30	

MAY

WK	M	T	W	T	F	S	S
17							1
18	2	3	4	5	6	7	8
19	9	10	11	12	13	14	15
20	16	17	18	19	20	21	22
21	23	24	25	26	27	28	29
22	30	31					

JUNE

WK	M	T	W	T	F	S	S
22			1	2	3	4	5
23	6	7	8	9	10	11	12
24	13	14	15	16	17	18	19
25	20	21	22	23	24	25	26
26	27	28	29	30			

JULY

WK	M	T	W	T	F	S	S
26					1	2	3
27	4	5	6	7	8	9	10
28	11	12	13	14	15	16	17
29	18	19	20	21	22	23	24
30	25	26	27	28	29	30	31

AUGUST

WK	M	T	W	T	F	S	S
31	1	2	3	4	5	6	7
32	8	9	10	11	12	13	14
33	15	16	17	18	19	20	21
34	22	23	24	25	26	27	28
35	29	30	31				

SEPTEMBER

WK	M	T	W	T	F	S	S
35				1	2	3	4
36	5	6	7	8	9	10	11
37	12	13	14	15	16	17	18
38	19	20	21	22	23	24	25
39	26	27	28	29	30		

OCTOBER

WK	M	T	W	T	F	S	S
39						1	2
40	3	4	5	6	7	8	9
41	10	11	12	13	14	15	16
42	17	18	19	20	21	22	23
43	24	25	26	27	28	29	30
44	31						

NOVEMBER

WK	M	T	W	T	F	S	S
44		1	2	3	4	5	6
45	7	8	9	10	11	12	13
46	14	15	16	17	18	19	20
47	21	22	23	24	25	26	27
48	28	29	30				

DECEMBER

WK	M	T	W	T	F	S	S
48				1	2	3	4
49	5	6	7	8	9	10	11
50	12	13	14	15	16	17	18
51	19	20	21	22	23	24	25
52	26	27	28	29	30	31	

2023

JANUARY

WK	M	T	W	T	F	S	S
52							1
1	2	3	4	5	6	7	8
2	9	10	11	12	13	14	15
3	16	17	18	19	20	21	22
4	23	24	25	26	27	28	29
5	30	31					

FEBRUARY

WK	M	T	W	T	F	S	S
5			1	2	3	4	5
6	6	7	8	9	10	11	12
7	13	14	15	16	17	18	19
8	20	21	22	23	24	25	26
9	27	28					

MARCH

WK	M	T	W	T	F	S	S
9			1	2	3	4	5
10	6	7	8	9	10	11	12
11	13	14	15	16	17	18	19
12	20	21	22	23	24	25	26
13	27	28	29	30	31		

APRIL

WK	M	T	W	T	F	S	S
13						1	2
14	3	4	5	6	7	8	9
15	10	11	12	13	14	15	16
16	17	18	19	20	21	22	23
17	24	25	26	27	28	29	30

MAY

WK	M	T	W	T	F	S	S
18	1	2	3	4	5	6	7
19	8	9	10	11	12	13	14
20	15	16	17	18	19	20	21
21	22	23	24	25	26	27	28
22	29	30	31				

JUNE

WK	M	T	W	T	F	S	S
22				1	2	3	4
23	5	6	7	8	9	10	11
24	12	13	14	15	16	17	18
25	19	20	21	22	23	24	25
26	26	27	28	29	30		

JULY

WK	M	T	W	T	F	S	S
26						1	2
27	3	4	5	6	7	8	9
28	10	11	12	13	14	15	16
29	17	18	19	20	21	22	23
30	24	25	26	27	28	29	30
31	31						

AUGUST

WK	M	T	W	T	F	S	S
31		1	2	3	4	5	6
32	7	8	9	10	11	12	13
33	14	15	16	17	18	19	20
34	21	22	23	24	25	26	27
35	28	29	30	31			

SEPTEMBER

WK	M	T	W	T	F	S	S
35					1	2	3
36	4	5	6	7	8	9	10
37	11	12	13	14	15	16	17
38	18	19	20	21	22	23	24
39	25	26	27	28	29	30	

OCTOBER

WK	M	T	W	T	F	S	S
39							1
40	2	3	4	5	6	7	8
41	9	10	11	12	13	14	15
42	16	17	18	19	20	21	22
43	23	24	25	26	27	28	29
44	30	31					

NOVEMBER

WK	M	T	W	T	F	S	S
44			1	2	3	4	5
45	6	7	8	9	10	11	12
46	13	14	15	16	17	18	19
47	20	21	22	23	24	25	26
48	27	28	29	30			

DECEMBER

WK	M	T	W	T	F	S	S
48					1	2	3
49	4	5	6	7	8	9	10
50	11	12	13	14	15	16	17
51	18	19	20	21	22	23	24
52	25	26	27	28	29	30	31

NOTABLE DATES

2022

New Year's Day	JAN 1
New Year's Day Holiday	JAN 3
Bank Holiday (Scotland)	JAN 4
Chinese New Year (Tiger)	FEB 1
Valentine's Day	FEB 14
St. David's Day (Wales) / Shrove Tuesday	MAR 1
St. Patrick's Day	MAR 17
Daylight Saving Time Starts / Mothering Sunday	MAR 27
Ramadan Begins	APR 2
Good Friday / Passover Begins	APR 15
Easter Sunday	APR 17
Easter Monday	APR 18
St. George's Day	APR 23
Early May Bank Holiday	MAY 2
Queen's Platinum Jubilee Bank Holiday	JUN 2
Queen's Platinum Jubilee Bank Holiday	JUN 3
Father's Day	JUN 19
Battle of the Boyne (Northern Ireland)	JUL 12
Islamic New Year Begins	JUL 29
Summer Bank Holiday (Scotland)	AUG 1
Summer Bank Holiday (ENG, NIR, WAL)	AUG 29
The United Nations International Day of Peace	SEPT 21
Rosh Hashanah (Jewish New Year) Begins	SEPT 25
Yom Kippur Begins	OCT 4
World Mental Health Day	OCT 10
Diwali	OCT 24
Daylight Saving Time Ends	OCT 30
Halloween	OCT 31
Guy Fawkes Night	NOV 5
Remembrance Sunday	NOV 13
St. Andrew's Day (Scotland)	NOV 30
Christmas Day	DEC 25
Boxing Day	DEC 26
Bank Holiday	DEC 27
New Year's Eve	DEC 31

PLANNER 2022

JANUARY	FEBRUARY	MARCH
1 S	1 T	1 T
2 S	2 W	2 W
3 M	3 T	3 T
4 T	4 F	4 F
5 W	5 S	5 S
6 T	6 S	6 S
7 F	7 M	7 M
8 S	8 T	8 T
9 S	9 W	9 W
10 M	10 T	10 T
11 T	11 F	11 F
12 W	12 S	12 S
13 T	13 S	13 S
14 F	14 M	14 M
15 S	15 T	15 T
16 S	16 W	16 W
17 M	17 T	17 T
18 T	18 F	18 F
19 W	19 S	19 S
20 T	20 S	20 S
21 F	21 M	21 M
22 S	22 T	22 T
23 S	23 W	23 W
24 M	24 T	24 T
25 T	25 F	25 F
26 W	26 S	26 S
27 T	27 S	27 S
28 F	28 M	28 M
29 S		29 T
30 S		30 W
31 M		31 T

APRIL	MAY	JUNE
1 F	1 S	1 W
2 S	2 M	2 T
3 S	3 T	3 F
4 M	4 W	4 S
5 T	5 T	5 S
6 W	6 F	6 M
7 T	7 S	7 T
8 F	8 S	8 W
9 S	9 M	9 T
10 S	10 T	10 F
11 M	11 W	11 S
12 T	12 T	12 S
13 W	13 F	13 M
14 T	14 S	14 T
15 F	15 S	15 W
16 S	16 M	16 T
17 S	17 T	17 F
18 M	18 W	18 S
19 T	19 T	19 S
20 W	20 F	20 M
21 T	21 S	21 T
22 F	22 S	22 W
23 S	23 M	23 T
24 S	24 T	24 F
25 M	25 W	25 S
26 T	26 T	26 S
27 W	27 F	27 M
28 T	28 S	28 T
29 F	29 S	29 W
30 S	30 M	30 T
	31 T	

PLANNER 2022

JULY	AUGUST	SEPTEMBER
1 F	1 M	1 T
2 S	2 T	2 F
3 S	3 W	3 S
4 M	4 T	4 S
5 T	5 F	5 M
6 W	6 S	6 T
7 T	7 S	7 W
8 F	8 M	8 T
9 S	9 T	9 F
10 S	10 W	10 S
11 M	11 T	11 S
12 T	12 F	12 M
13 W	13 S	13 T
14 T	14 S	14 W
15 F	15 M	15 T
16 S	16 T	16 F
17 S	17 W	17 S
18 M	18 T	18 S
19 T	19 F	19 M
20 W	20 S	20 T
21 T	21 S	21 W
22 F	22 M	22 T
23 S	23 T	23 F
24 S	24 W	24 S
25 M	25 T	25 S
26 T	26 F	26 M
27 W	27 S	27 T
28 T	28 S	28 W
29 F	29 M	29 T
30 S	30 T	30 F
31 S	31 W	

PLANNER 2022

OCTOBER	NOVEMBER	DECEMBER
1 S	1 T	1 T
2 S	2 W	2 F
3 M	3 T	3 S
4 T	4 F	4 S
5 W	5 S	5 M
6 T	6 S	6 T
7 F	7 M	7 W
8 S	8 T	8 T
9 S	9 W	9 F
10 M	10 T	10 S
11 T	11 F	11 S
12 W	12 S	12 M
13 T	13 S	13 T
14 F	14 M	14 W
15 S	15 T	15 T
16 S	16 W	16 F
17 M	17 T	17 S
18 T	18 F	18 S
19 W	19 S	19 M
20 T	20 S	20 T
21 F	21 M	21 W
22 S	22 T	22 T
23 S	23 W	23 F
24 M	24 T	24 S
25 T	25 F	25 S
26 W	26 S	26 M
27 T	27 S	27 T
28 F	28 M	28 W
29 S	29 T	29 T
30 S	30 W	30 F
31 M		31 S

DEDICATION

HUFFLEPUFF

PATIENCE

LOYALTY

JANUARY

TO DO

27 Monday

28 Tuesday

29 Wednesday

30 Thursday

J

★ New Year's Eve — **Friday** 31

★ New Year's Day — **Saturday** 1

Sunday 2

NOTES

T	F	S	S	M	T	W	T	F	S	S	M	T	W	T	F	S	S	M	T	W	T	F	S	S	M	T	W	T	F	S
16	17	18	19	20	21	22	23	24	25	26	27	28	29	30	31	1	2	3	4	5	6	7	8	9	10	11	12	13	14	15

3 Monday

★ New Year's Day Holiday

4 Tuesday

★ Bank Holiday (Scotland)

5 Wednesday

6 Thursday

Friday 7   J

Saturday 8

Sunday 9

NOTES

10 Monday

11 Tuesday

12 Wednesday

13 Thursday

Friday 14

J

Saturday 15

Sunday 16

NOTES

S	S	M	T	W	T	F	S	S	M	T	W	T	F	S	S	M	T	W	T	F	S	S	M	T	W	T	F	S	S	M
1	2	3	4	5	6	7	8	9	10	11	12	13	14	15	16	17	18	19	20	21	22	23	24	25	26	27	28	29	30	31

17 Monday

18 Tuesday

19 Wednesday

20 Thursday

Friday 21   J

Saturday 22

Sunday 23

NOTES

24 Monday

25 Tuesday

26 Wednesday

27 Thursday

JANUARY 2022

Friday 28

Saturday 29

Sunday 30

NOTES

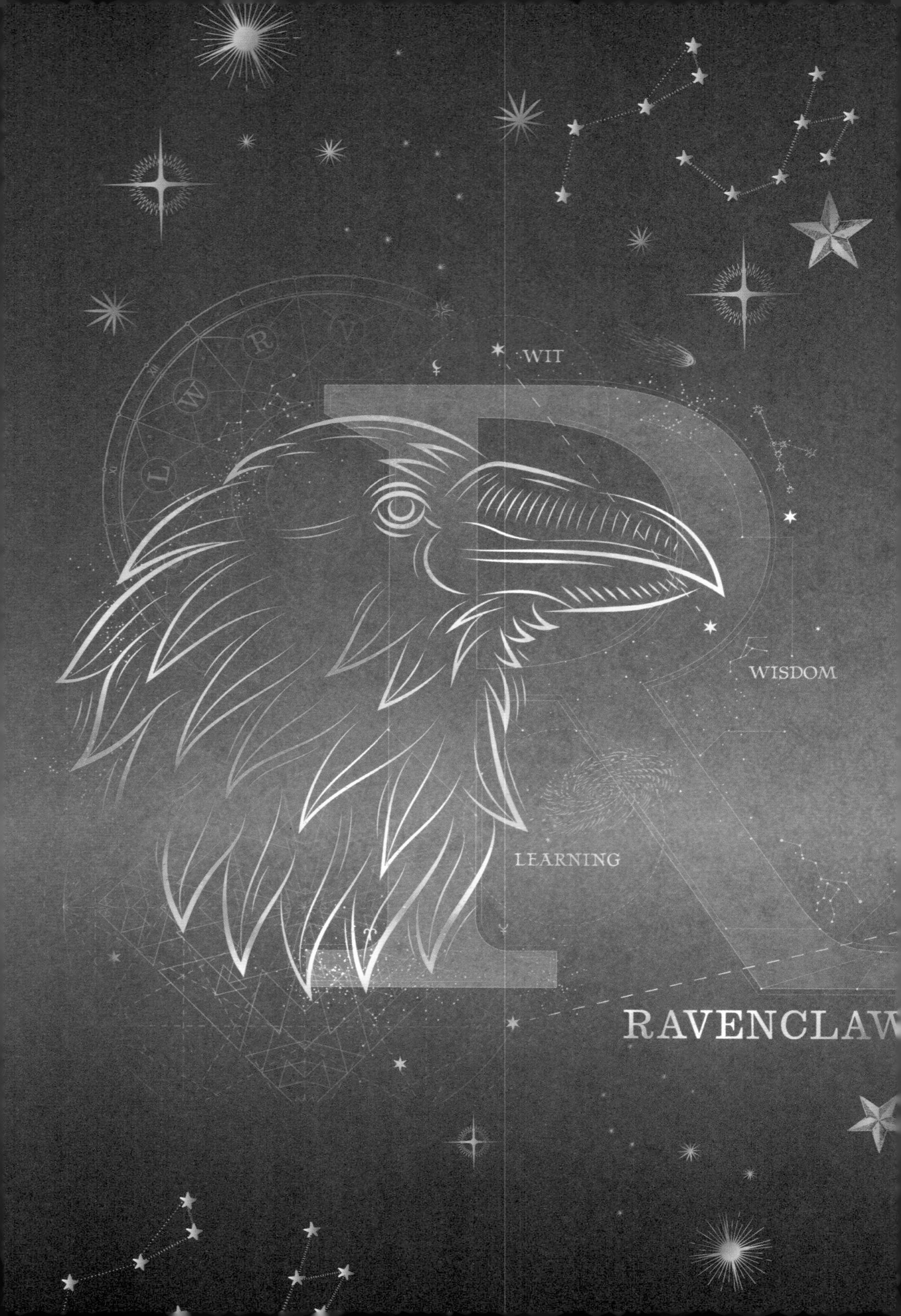

WIT
WISDOM
LEARNING
RAVENCLAW

FEBRUARY

TO DO

31 Monday

1 Tuesday
★ Chinese New Year (Tiger)

2 Wednesday

3 Thursday

Friday 4

F

Saturday 5

Sunday 6

NOTES

S	M	T	W	T	F	S	S	M	T	W	T	F	S	S	M	T	W	T	F	S	S	M	T	W	T	F	S	S	M	T
16	17	18	19	20	21	22	23	24	25	26	27	28	29	30	31	1	2	3	4	5	6	7	8	9	10	11	12	13	14	15

FEBRUARY 2022

7   Monday

8   Tuesday

9   Wednesday

10 Thursday

Friday 11

Saturday 12

Sunday 13

NOTES

T	W	T	F	S	S	M	T	W	T	F	S	S	M	T	W	T	F	S	S	M	T	W	T	F	S	S	M
1	2	3	4	5	6	7	8	9	10	11	12	13	14	15	16	17	18	19	20	21	22	23	24	25	26	27	28

14 Monday

Valentine's Day

15 Tuesday

16 Wednesday

17 Thursday

Friday 18

Saturday 19

Sunday 20

NOTES

T	W	T	F	S	S	M	T	W	T	F	S	S	M	T	W	T	F	S	S	M	T	W	T	F	S	S	M
1	2	3	4	5	6	7	8	9	10	11	12	13	14	15	16	17	18	19	20	21	22	23	24	25	26	27	28

21 Monday

22 Tuesday

23 Wednesday

24 Thursday

Friday 25

Saturday 26

Sunday 27

NOTES

T	W	T	F	S	S	M	T	W	T	F	S	S	M	T	W	T	F	S	S	M	T	W	T	F	S	S	M
1	2	3	4	5	6	7	8	9	10	11	12	13	14	15	16	17	18	19	20	21	22	23	24	25	26	27	28

PRIDE

AMBITION

CUNNING

SLYTHERIN

TO DO

28 Monday

1 Tuesday

★ St. David's Day (Wales) / Shrove Tuesda

2 Wednesday

3 Thursday

Friday 4

Saturday 5

Sunday 6

NOTES

MARCH 2022

7   **Monday**

8   **Tuesday**

9   **Wednesday**

10   **Thursday**

Friday 11

Saturday 12

Sunday 13

NOTES

T	W	T	F	S	S	M	T	W	T	F	S	S	M	T	W	T	F	S	S	M	T	W	T	F	S	S	M	T	W	T
1	2	3	4	5	6	7	8	9	10	11	12	13	14	15	16	17	18	19	20	21	22	23	24	25	26	27	28	29	30	31

14 Monday

15 Tuesday

16 Wednesday

17 Thursday

★ St. Patrick's Da

Friday 18

M

Saturday 19

Sunday 20

NOTES

21 Monday

22 Tuesday

23 Wednesday

24 Thursday

Friday 25

M

Saturday 26

⭐ **Daylight Saving Time Starts / Mothering Sunday**

Sunday 27

NOTES

T	W	T	F	S	S	M	T	W	T	F	S	S	M	T	W	T	F	S	S	M	T	W	T	F	S	S	M	T	W	T
1	2	3	4	5	6	7	8	9	10	11	12	13	14	15	16	17	18	19	20	21	22	23	24	25	26	27	28	29	30	31

BRAVERY

GRYFFINDOR

COURAGE

DETERMINATION

APRIL

TO DO

28 Monday

29 Tuesday

30 Wednesday

31 Thursday

APRIL 2022

Friday 1

A

★ Ramadan Begins

Saturday 2

Sunday 3

NOTES

W	T	F	S	S	M	T	W	T	F	S	S	M	T	W	T	F	S	S	M	T	W	T	F	S	S	M	T	W	T	F
16	17	18	19	20	21	22	23	24	25	26	27	28	29	30	31	1	2	3	4	5	6	7	8	9	10	11	12	13	14	15

4 Monday

5 Tuesday

6 Wednesday

7 Thursday

Friday 8

A

Saturday 9

Sunday 10

NOTES

11 Monday

12 Tuesday

13 Wednesday

14 Thursday

★ Good Friday / Passover Begins **Friday 15**

Saturday 16

A

★ Easter Sunday **Sunday 17**

NOTES

F	S	S	M	T	W	T	F	S	S	M	T	W	T	F	S	S	M	T	W	T	F	S	S	M	T	W	T	F	S
1	2	3	4	5	6	7	8	9	10	11	12	13	14	15	16	17	18	19	20	21	22	23	24	25	26	27	28	29	30

18 Monday

Easter Monday

19 Tuesday

20 Wednesday

21 Thursday

Friday 22

A

St. George's Day

Saturday 23

Sunday 24

NOTES

F	S	S	M	T	W	T	F	S	S	M	T	W	T	F	S	S	M	T	W	T	F	S	S	M	T	W	T	F	S
1	2	3	4	5	6	7	8	9	10	11	12	13	14	15	16	17	18	19	20	21	22	23	24	25	26	27	28	29	30

HOGWARTS

ASTRONOMY
TOWER

MAY

TO DO

....
....
....
....
....
....
....
....
....
....
....
....
....
....
....
....
....
....
....
....
....
....

25 Monday

26 Tuesday

27 Wednesday

28 Thursday

APRIL/MAY 2022

Friday 29

Saturday 30

Sunday 1

NOTES

S	S	M	T	W	T	F	S	S	M	T	W	T	F	S	S	M	T	W	T	F	S	S	M	T	W	T	F	S	S
16	17	18	19	20	21	22	23	24	25	26	27	28	29	30	1	2	3	4	5	6	7	8	9	10	11	12	13	14	15

2   Monday

Early May Bank Holiday ★

3   Tuesday

4   Wednesday

5   Thursday

Friday 6

Saturday 7

M

Sunday 8

NOTES

9 Monday

10 Tuesday

11 Wednesday

12 Thursday

Friday 13

Saturday 14

M

Sunday 15

NOTES

16 Monday

17 Tuesday

18 Wednesday

19 Thursday

Friday 20

Saturday 21

M

Sunday 22

NOTES

23 Monday

24 Tuesday

25 Wednesday

26 Thursday

Friday 27

Saturday 28

M

Sunday 29

NOTES

S M T W T F S S M T W T F S S M T W T F S S M T W T F S S M T
1 2 3 4 5 6 7 8 9 10 11 12 13 14 15 16 17 18 19 20 21 22 23 24 25 26 27 28 29 30 31

Felix Felicis

POLYJUICE
POTION

AMORTENTIA

POTIONS CLASS

JUNE

TO DO

30 Monday

31 Tuesday

1 Wednesday

2 Thursday   Queen's Platinum Jubilee Bank Holiday

★ Queen's Platinum Jubilee Bank Holiday   **Friday**   **3**

Saturday   **4**

J

Sunday   **5**

NOTES

6 **Monday**

7 **Tuesday**

8 **Wednesday**

9 **Thursday**

Friday 10

Saturday 11

J

Sunday 12

NOTES

13 Monday

14 Tuesday

15 Wednesday

16 Thursday

Friday 17

Saturday 18

J

★ Father's Day   **Sunday** 19

NOTES

W	T	F	S	S	M	T	W	T	F	S	S	M	T	W	T	F	S	S	M	T	W	T	F	S	S	M	T	W	T
1	2	3	4	5	6	7	8	9	10	11	12	13	14	15	16	17	18	19	20	21	22	23	24	25	26	27	28	29	30

20 Monday

21 Tuesday

22 Wednesday

23 Thursday

Friday 24

Saturday 25

J

Sunday 26

NOTES

W	T	F	S	S	M	T	W	T	F	S	S	M	T	W	T	F	S	S	M	T	W	T	F	S	S	M	T	W	T
1	2	3	4	5	6	7	8	9	10	11	12	13	14	15	16	17	18	19	20	21	22	23	24	25	26	27	28	29	30

JULY

27 Monday

28 Tuesday

29 Wednesday

30 Thursday

JULY 2022

Friday **1**

Saturday **2**

J

Sunday **3**

NOTES

4   Monday

5   Tuesday

6   Wednesday

7   Thursday

Friday 8

Saturday 9

Sunday 10

NOTES

11 Monday

12 Tuesday

Battle of the Boyne (Northern Ireland) ★

13 Wednesday

14 Thursday

Friday 15

Saturday 16

J

Sunday 17

NOTES

18 Monday

19 Tuesday

20 Wednesday

21 Thursday

Friday 22

Saturday 23

J

Sunday 24

NOTES

25 Monday

26 Tuesday

27 Wednesday

28 Thursday

★ **Islamic New Year Begins**

Friday 29

Saturday 30

Sunday 31

NOTES

MOONY, WORMTAIL, PADFOOT & PRONGS

ARE PROUD TO PRESENT

HOGWARTS

The MARAUDER'S MAP

ITINERARIUM MARAUDENTIUM

AUGUST

1   **Monday**   ★ Summer Bank Holiday (Scotland)

2   **Tuesday**

3   **Wednesday**

4   **Thursday**

Friday   **5**

Saturday   **6**

Sunday   **7**

A

NOTES

8   **Monday**

9   **Tuesday**

10   **Wednesday**

11   **Thursday**

Friday 12

Saturday 13

Sunday 14

A

NOTES

AUGUST 2022

15 Monday

16 Tuesday

17 Wednesday

18 Thursday

Friday 19

Saturday 20

Sunday 21

A

NOTES

22 Monday

23 Tuesday

24 Wednesday

25 Thursday

Friday 26

Saturday 27

Sunday 28

A

NOTES

HUFFLEPUFF

SEPTEMBER

TO DO

29 Monday

30 Tuesday

31 Wednesday

1 Thursday

Friday 2

Saturday 3

Sunday 4

S

NOTES

5   **Monday**

6   **Tuesday**

7   **Wednesday**

8   **Thursday**

Friday 9

Saturday 10

Sunday 11

S

NOTES

12 Monday

13 Tuesday

14 Wednesday

15 Thursday

SEPTEMBER 2022

Friday 16

Saturday 17

Sunday 18

S

NOTES

T	F	S	S	M	T	W	T	F	S	S	M	T	W	T	F	S	S	M	T	W	T	F	S	S	M	T	W	T	F
1	2	3	4	5	6	7	8	9	10	11	12	13	14	15	16	17	18	19	20	21	22	23	24	25	26	27	28	29	30

19 Monday

20 Tuesday

21 Wednesday

★ The United Nations International Day of Peace

22 Thursday

Friday 23

Saturday 24

★ Rosh Hashanah (Jewish New Year) Begins

Sunday 25

S

NOTES

T	F	S	S	M	T	W	T	F	S	S	M	T	W	T	F	S	S	M	T	W	T	F	S	S	M	T	W	T	F
1	2	3	4	5	6	7	8	9	10	11	12	13	14	15	16	17	18	19	20	21	22	23	24	25	26	27	28	29	30

RAVENCLAW

OCTOBER

TO DO

SEPTEMBER 2022

26 Monday

27 Tuesday

28 Wednesday

29 Thursday

Friday 30

Saturday 1

Sunday 2

NOTES

3 Monday

4 Tuesday

★ Yom Kippur Begins

5 Wednesday

6 Thursday

Friday 7

Saturday 8

Sunday 9

O

NOTES

10 **Monday**

★ World Mental Health Da

11 **Tuesday**

12 **Wednesday**

13 **Thursday**

Friday 14

Saturday 15

Sunday 16

O

NOTES

17 Monday

18 Tuesday

19 Wednesday

20 Thursday

Friday 21

Saturday 22

Sunday 23

O

NOTES

24 Monday

Diwali

25 Tuesday

26 Wednesday

27 Thursday

Friday 28

Saturday 29

★ **Daylight Saving Time Ends**   **Sunday 30**

O

NOTES

S	S	M	T	W	T	F	S	S	M	T	W	T	F	S	S	M	T	W	T	F	S	S	M	T	W	T	F	S	S	M
1	2	3	4	5	6	7	8	9	10	11	12	13	14	15	16	17	18	19	20	21	22	23	24	25	26	27	28	29	30	31

SLYTHERIN

NOVEMBER

TO DO

....

....

....

....

....

....

....

....

....

....

....

....

....

....

....

....

....

....

31 Monday

Halloween

1 Tuesday

2 Wednesday

3 Thursday

Friday 4

★ **Guy Fawkes Night**

Saturday 5

Sunday 6

NOTES

S	M	T	W	T	F	S	S	M	T	W	T	F	S	S	M	T	W	T	F	S	S	M	T	W	T	F	S	S	M	T
16	17	18	19	20	21	22	23	24	25	26	27	28	29	30	31	1	2	3	4	5	6	7	8	9	10	11	12	13	14	15

7   Monday

8   Tuesday

9   Wednesday

10   Thursday

Friday 11

Saturday 12

★ Remembrance Sunday   **Sunday 13**

NOTES

14 Monday

15 Tuesday

16 Wednesday

17 Thursday

Friday 18

Saturday 19

Sunday 20

NOTES

T	W	T	F	S	S	M	T	W	T	F	S	S	M	T	W	T	F	S	S	M	T	W	T	F	S	S	M	T	W
1	2	3	4	5	6	7	8	9	10	11	12	13	14	15	16	17	18	19	20	21	22	23	24	25	26	27	28	29	30

21 Monday

22 Tuesday

23 Wednesday

24 Thursday

Friday 25

Saturday 26

Sunday 27

NOTES

GRYFFINDOR

Harry Potter

DECEMBER

NOV/DEC 2022

28 Monday

29 Tuesday

30 Wednesday

★ St. Andrew's Day (Scotland)

1 Thursday

Friday 2

Saturday 3

Sunday 4

NOTES

D

5   Monday

6   Tuesday

7   Wednesday

8   Thursday

Friday 9

Saturday 10

Sunday 11

NOTES

D

DECEMBER 2022

12 Monday

13 Tuesday

14 Wednesday

15 Thursday

Friday 16

Saturday 17

Sunday 18

NOTES

T	F	S	S	M	T	W	T	F	S	S	M	T	W	T	F	S	S	M	T	W	T	F	S	S	M	T	W	T	F	S
1	2	3	4	5	6	7	8	9	10	11	12	13	14	15	16	17	18	19	20	21	22	23	24	25	26	27	28	29	30	31

D

19 Monday

20 Tuesday

21 Wednesday

22 Thursday

Friday 23

Saturday 24

★ Christmas Day   **Sunday** 25

NOTES

T	F	S	S	M	T	W	T	F	S	S	M	T	W	T	F	S	S	M	T	W	T	F	S	S	M	T	W	T	F	S
1	2	3	4	5	6	7	8	9	10	11	12	13	14	15	16	17	18	19	20	21	22	23	24	25	26	27	28	29	30	31

26 Monday

★ Boxing Day

27 Tuesday

★ Bank Holiday

28 Wednesday

29 Thursday

Friday 30

★ New Year's Eve   Saturday 31

★ New Year's Day   Sunday 1

NOTES

PLANNER 2023

JANUARY	FEBRUARY	MARCH
1 S	1 W	1 W
2 M	2 T	2 T
3 T	3 F	3 F
4 W	4 S	4 S
5 T	5 S	5 S
6 F	6 M	6 M
7 S	7 T	7 T
8 S	8 W	8 W
9 M	9 T	9 T
10 T	10 F	10 F
11 W	11 S	11 S
12 T	12 S	12 S
13 F	13 M	13 M
14 S	14 T	14 T
15 S	15 W	15 W
16 M	16 T	16 T
17 T	17 F	17 F
18 W	18 S	18 S
19 T	19 S	19 S
20 F	20 M	20 M
21 S	21 T	21 T
22 S	22 W	22 W
23 M	23 T	23 T
24 T	24 F	24 F
25 W	25 S	25 S
26 T	26 S	26 S
27 F	27 M	27 M
28 S	28 T	28 T
29 S		29 W
30 M		30 T
31 T		31 F

PLANNER 2023

APRIL	MAY	JUNE
1 S	1 M	1 T
2 S	2 T	2 F
3 M	3 W	3 S
4 T	4 T	4 S
5 W	5 F	5 M
6 T	6 S	6 T
7 F	7 S	7 W
8 S	8 M	8 T
9 S	9 T	9 F
10 M	10 W	10 S
11 T	11 T	11 S
12 W	12 F	12 M
13 T	13 S	13 T
14 F	14 S	14 W
15 S	15 M	15 T
16 S	16 T	16 F
17 M	17 W	17 S
18 T	18 T	18 S
19 W	19 F	19 M
20 T	20 S	20 T
21 F	21 S	21 W
22 S	22 M	22 T
23 S	23 T	23 F
24 M	24 W	24 S
25 T	25 T	25 S
26 W	26 F	26 M
27 T	27 S	27 T
28 F	28 S	28 W
29 S	29 M	29 T
30 S	30 T	30 F
	31 W	

PLANNER 2023

JULY	AUGUST	SEPTEMBER
1 S	1 T	1 F
2 S	2 W	2 S
3 M	3 T	3 S
4 T	4 F	4 M
5 W	5 S	5 T
6 T	6 S	6 W
7 F	7 M	7 T
8 S	8 T	8 F
9 S	9 W	9 S
10 M	10 T	10 S
11 T	11 F	11 M
12 W	12 S	12 T
13 T	13 S	13 W
14 F	14 M	14 T
15 S	15 T	15 F
16 S	16 W	16 S
17 M	17 T	17 S
18 T	18 F	18 M
19 W	19 S	19 T
20 T	20 S	20 W
21 F	21 M	21 T
22 S	22 T	22 F
23 S	23 W	23 S
24 M	24 T	24 S
25 T	25 F	25 M
26 W	26 S	26 T
27 T	27 S	27 W
28 F	28 M	28 T
29 S	29 T	29 F
30 S	30 W	30 S
31 M	31 T	

OCTOBER	NOVEMBER	DECEMBER
1 S	1 W	1 F
2 M	2 T	2 S
3 T	3 F	3 S
4 W	4 S	4 M
5 T	5 S	5 T
6 F	6 M	6 W
7 S	7 T	7 T
8 S	8 W	8 F
9 M	9 T	9 S
10 T	10 F	10 S
11 W	11 S	11 M
12 T	12 S	12 T
13 F	13 M	13 W
14 S	14 T	14 T
15 S	15 W	15 F
16 M	16 T	16 S
17 T	17 F	17 S
18 W	18 S	18 M
19 T	19 S	19 T
20 F	20 M	20 W
21 S	21 T	21 T
22 S	22 W	22 F
23 M	23 T	23 S
24 T	24 F	24 S
25 W	25 S	25 M
26 T	26 S	26 T
27 F	27 M	27 W
28 S	28 T	28 T
29 S	29 W	29 F
30 M	30 T	30 S
31 T		31 S

ADDRESS / PHONE NUMBERS

Name:

Address:

Telephone: Mobile:

Email:

Name:

Address:

Telephone: Mobile:

Email:

Name:

Address:

Telephone: Mobile:

Email:

Name:

Address:

Telephone: Mobile:

Email:

Name:

Address:

Telephone: Mobile:

Email:

Name:

Address:

Telephone: Mobile:

Email:

ADDRESS / PHONE NUMBERS

Name:

Address:

Telephone: **Mobile:**

Email:

Name:

Address:

Telephone: **Mobile:**

Email:

Name:

Address:

Telephone: **Mobile:**

Email:

Name:

Address:

Telephone: **Mobile:**

Email:

Name:

Address:

Telephone: **Mobile:**

Email:

Name:

Address:

Telephone: **Mobile:**

Email:

NOTES

NOTES